AF227448

SERMON

sur

ces paroles de l'Apocalypse Chap. 14. v. 13.

Bienheureux sont les morts qui meurent au Seigneur. Ouï pour certain, dit l'Esprit: Car dés maintenant ils se reposent deleurs travaux & leurs œuvres les suivent.

Prononcé a l'occasion de la mort

DE SON ALTESSE SERENISSIME

MADAME LA PRINCESSE
ELECTORALE DE BRANDEBOURG.

a COLOGNE *sur la Spree,*

chez GEORGE SCHOULTS, Imprimeur de son Altesse Electorale de Brandebourg, 1683.

A SON ALTESSE SERENISSIME

Madame

Louyse-Dorothée-Sophie,

Princesse de Brandebourg,

Madame

JE prens la liberté de presenter ce Sermon à vôtre Altesse Serenissime bienque je sache que dans un aage aussi tendre que le sien, elle n'est pas en état de le lire ni de le comprendre. J'ay en cela plus en veüe l'avenir que le present. J'espere que vôtre Altesse Serenissime lira un jour avec quelque fruit ce que j'ose luy presenter aujourd'huy & qu'elle ne trouvera point mauvais le dessein que j'ay de luy offrir un portrait de l'incomparable Princesse qui luy a donné le jour & que Dieu vient de retirer en sa paix.

Nous laissons à l'art des peintres à representer à vos yeux ce qu'elle eut de corruptible & qui avoit esté pris de la terre : mais il est de nôtre devoir de representer à vôtre esprit ce qu'elle eut d'incorruptible & qui étoit venu de Dieu.

Car, Madame, si le monde conserve avec tant de soin des portraits aux quels personne ne peut se rendre semblable ; n'est il pas bien juste que l'Eglise conserve avec plus de soin encore ces portraits infinement plus utiles & plus pretieux, auxquels chacun doit tacher de ressembler ?

Plusieurs instruiront la posterite de la pieté & des vertus de cette grande Princesse dans une langue qui luy fut naturele & qui est la premiere que vous parlerés. Nous tacherons d'exprimer nôtre douleur & nôtre admiration dans une langue que vôtre Altess: Sereniss: ne dedaignera point de parler un jour & que cette sainte Princesse ayma particulierement parce que c'estoit la langue des affligés & celle de sa charité & de sa compassion.

Mais, Princesse, n'attendés pas qu'aucune expression égale jamais l'estime, la reconnoissance & si je l'ose dire la tendresse respectueuse que nous eumes pour elle. J'ose croire que j'ay fait un portrait de cette bienheureuse assés fidele & assés ressemblant. Je suis persuadé du moins que ce portrait ne paroitra suspect de flaterie ni même d'hyperbole qu'a ceux qui vivront dans des lieux ou dans des temps fort éloignés ; qu'on ne trouvera point dans mes expressions le vuide qui se trouve ordinairement dans les discours de cette nature, & que tous ceux qui ont eu l'honneur de la connoitre, conviendront qu'on ne dit point tout ce qui en est, bien loin d'en dire plus qu'il n'y en a : mais je n'écriray pas les soupirs & les larmes de tant de personnes affligées & de mon troupeau en particulier lequel par ces marques sensibles de sa consternation & de sa tristesse, faisoit plus efficacement l'éloge de cette sainte Princesse que tout ce qu'un predicateur pouvoit dire sur un sujet si touchant.

Recevés, Madame, non les cendres de cette mere illustre : mais les exemples de sa pieté & de sa vertu, ces restes pretieux, ces sacrées reliques que l'Eglise conservera comme un tresor d'instruction pour ses enfans, & pour lesquelles nous ne devons point preparer d'autres vases que nos cœurs. Ayés toûjours devant les yeux ce qu'elle fût, pour connoitre ce que vous devés etre ; & vous souvenant de ce que vous étes, aprenés par cet exemple ce que vous seres. Imités les vertus de celle qui vous donna la naissance, Princesse Serenissime, & montrés vous digne fille d'une mere illustre & vertueuse entre toutes celles qui furent jamais.

Dieu qui vous appelle d'une façon particuliere à estre sainte, vous a environnée d'une nuée de temoins qui vous encouragent à l'envi par leurs bons exemples. Car je peux bien nommer ainsi, en suivant le langage du Saint Esprit, cette foule de heros Chretiens, vos fameux Ancestres, ces defenseurs de la foy reformée si celebres dans l'histoire & si pretieux à l'Eglise, vos deux ajeules si dignes par la grandeur de leurs sentimens & par leur pieté solide, d'un immortel souvenir, vôtre auguste Ajeul, ce grand & renommé conquerant qui met tous ses trophées aux pieds de Jesus Christ & qui faisant l'étonnement & l'admiration de son siecle mesure luy même toutes choses au poids du sanctuaire & n'estime que la pieté ; cette heroine qui a partagé ses glorieux travaux, & qui est sur tout digne de luy par ses vertus ; ce pere de vostre Altess. Sereniss. grand par sa naissance & plus grand par sa vertu, qui prefere la pieté à toutes choses encore qu'il

soit l'heritier de la puissance & des qualités heroiques du plus glo-
rieux de tous les hommes, cette multitude de Princes & de Princesses
selon le cœur de Dieu marquées de son sceau & moins considerables
par les advantages de la nature que par les éffets de la grace qui
agit en eux;

Voyla, Madame, des exemples & grans & en grand nombre qui enga-
gent vôtre Alteß: Ser: à faire tous ses efforts pour sur passer les Prin-
cesses de vôtre rang en piete & en vertu.   Voyla de puissans motifs
pour l'obliger à estre continuellement en garde sur elle même & à ne
rien faire qui soit indigne d'une si glorieuse naissance.   Si pourtant il
vous faut un exemple plus prochain; & si vous voules voir toute la
gloire de vos ancestres & si je l'ose dire l'éclat de toutes leurs vertus
reüni dans un point de reflexion, considerés toûjours cette belle ame
que Dieu nous a laißé entrevoir comme une image de son Ciel & com-
me une expreßion de ses vertus ; etudies sa modestie, sa sagesse, sa ju-
stice, sa charité & sa pieté qui fût comme l'ame de toutes ses autres
vertus, & ne manqués point de donner gloire à celuy qui en fit pre-
mierement un vaißeau de sa grace & en suite un vaißeau de sa gloire.

Je prie ce pere de lumiere du quel descend toute bonne donation
& tout bon par fait qu'il benisse vôtre jeknesse & vous donne de croi-
tre en sa crainte afin que toutes les vertus de cette illustre & sainte
Princesse revivent en la personne de vôtre Alteß: Sereniß: & que le
grand Prince à qui vous devés le jour se console en voyant une expres-
sion vivante de celle qu'il ay ma avec tant d'ardeur pendant sa vie &
qu'il regrete si justement aprés sa mort.   C'est le vœu de celuy qui est
avec toute sorte de respect

Madame

De Vôtre Altesse Sereniſſime

Le trés humble & trés obeïssant & trés
fidele serviteur

Abbadie.

SERMON

sur

ces paroles de l'Apocalypse Chap. 14. ꝟ. 13.

Bienheurex font les morts qui meurent au Seigneur. Ouï pour certain, dit l'Efprit: Car des maintenant ils fe repofent deleurs travaux & leurs œuvres les fuivent.

Prononcé à l'occafion dela mort de Son Alteffe Sereniffime Madame La Princeffe Electorale de Brandebourg.

Onfolés, confolés mon peuple. Parlés à Jérufalem felon fon cœur, & luy criés que" fon temps prefix eft accompli, que fon iniqui-" té eft tenüe pour aquitée & qu'elle a receu le" double pour fes pechés &c. La voix crie & l'on a repon-" du; que crieray je? Toute chair eft comme l'herbe &" toute fa grace eft comme la fleur de l'herbe. L'herbe eft" fechée, fa fleur tombe: mais la parole de Dieu demeure" éternéllement. Qu'elle eft cette voix? c'eft la voix de" Dieu, c'eft l'ordre que le St. Efprit nous addreffe par la-" bouche de fou Prophete Efaïe.

Efaie Chap. 40. ꝟ. 1.

Et en éffet, mes freres, vous reprefenter vôtre mifere & vous adreffer des paroles de confolation ; vous montrer que toutes chofes paffent: mais que Dieu ne paffe point ; vous humilier par les idées de la mort & vous

A

relever en vous montrant qu'elle eſt la mort du juſte, ſont deux devoirs de nôtre miniſtere que nous devons remplir en tout temps: mais Helas! dont nous devons particulierement nous acquiter dans ces jours de dœuil & delarmes dans leſquels la main de Dieu nous a ſi ſenſiblement frapés. O Nobleſſe d'Iſraël, la navrée a mort *eſt giſante dans les bas lieux. Ne l'allés point dire en "Gath, & n'en portés point la nouvele en Askelon; de "peur queles filles des Philiſtins s'en réjouïſſent, & queles "filles des incirconcis ne s'en égayent.

Son corps eſt giſant & repoſe avec les Roys & les gouverneurs de la terre qui ſe ſont edifié des deſerts: mais ſon ame juſte a eſté recueillie en paix & repoſe dans le domicile éternel que Dieu a édifié à ſes fideles. Un même objet eſt pour nous une ſource de triſteſſe & de conſolation, un advertiſſement redoutable de ſa ſeverité qui nous chatie & doit nous faire gemir ſur nos pechés; & un ſaint exemple que ſa miſericorde nous met devant les yeux pour nous ſanctifier & pour nous preparer par une bonne vie à une meillure mort. O jour triſte à nôſtre ſouvenir: mais heureux pour cette ame ſainte où nôtre lumiere s'eſt changée en tenebres & où ſes tenebres ſe ſont changées en la lumiere de la joye & de l'apparition de ſon Dieu, puiſſes tu nous humilier par la conſideration de ce que nous ſommes & nous conſoler par la conſideration de ce que nous devons eſtre! Et puiſſions nous, nous detacher du monde & nous attacher à Dieu, en voyant ce que le monde avoit de plus grand ſoulé ſous les pieds de la mort, & ce que la mort avoit de plus affreux, ſoulé ſous les pieds de ce grand Dieu; Les fils des Princes & des Roys entrer dans le ſepulchre avec leur gloire & leur magnificence; & le ſepulchre éſtre englouti en victoire par l'opprobre & par la mort du fils de Dieu!

Pour vous aider à tirer cet uſage du triſte objet que la providence nous met devant les yeux; nous avons choiſi les paroles qui ont été leües devant vous, ces pa-

roles si belles, si dignes du St. Esprit, si capables de faire
naitre la confiance dans nos cœurs & de nous consoler
dans nôtre afflliction.   Bienheurex sont les morts, qui
meurent &c.

Nous ne suivrons point nôtre methode ordinaire dans
leur exposition: mais nous les melerons avec cet objet
qui se presente à nous.   Nous proposerons un double ta-
bleau à voftre meditation.   Nous vous ferons considerer
la mort d'une illustre & sainte Princesse dans l'excellente
description que St. Jean fait par l'ordre du Saint Esprit de
l'état de ceux qui meurent au Seigneur: & nous vous
montrerons ensuite quelle est la maniere de bien vivre &
de bien mourir, dans ce grand exemple qu'il a pleu à
Dieu nous mettre devant les yeux.   Nous appliquerons
premierement les paroles du St. Esprit à celle qui par la
grace de Dieu, est morte au Seigneur;   & ensuite nous
nous appliquerons à nous mêmes les saints exemples de
pieté & de resignation qu'elle nous donna soit dans sa vie,
soit dans sa mort.   O si celuy qui a pris à luy cette ame
predestinée, nous attiroit extraordinairement par les liens
de sa grace & de son amour, o si cet objet si touchant jet-
toit une odeur de vie pour nos ames & une odeur de
mort pour le peché;   O si comme les os du Prophete Elisée *2. Rois*
accompagnés de la puissance de Dieu, rescusciterent un *chap.13.*
mort qui avoit esté jetté dans son sepulchre, les cendres de
celle qui est morte au Seigneur animées de l' Esprit Saint,
de la vertu du tout puissant rescuscitoient ceux qui sont gi-
sans dans le tombeau de leurs vices & qui sont morts dans *Apocal.*
leurs fautes & dans leurs pechés.   C'est ton ouvrage, o *chap.3.*
toy qui ouvres & fermes les cœurs, comme tu tiens les *Job chap:*
clefs de la vie & de la mort. Tu nous as remplis de tri- *5. v. 18.*
stesse fais que nous soyons affligés saintement.   Tu nous
as navrés, bandetoy même nôtre playe;   & produis dans
nos cœurs la satulaire douleur d'une repentance dont nous
ne nous repentions jamais à la gloire de ton grand nom
& au salut éternel denos ames.

A 2

N'attendés pas, mes freres, que suivant les idées de
l'éloquence mondaine, nous donnions ici de faux éloges aux faux advantages du monde. Le plus sage
des Roys convaincu par sa propre experience, nous enseigne à n'y pas attacher nôtre estime & nos affections.
Ecclef. „J'ay, dit il recherché en mon cœur le moyen de me trai-
chap.2. „ter delicatement. Je me suis fait des choses magnifiques.
„Je me suis bati des maisons. Je me suis fait des jardins.
„J'ay aquis des serviteurs & des servantes. Je me suis
„amassé de l'argent & de l'or & les plus pretieux joyaux
„qui soient par devers les Roys ou dans les provinces.
„J'ay aquis des chantres & des chanteresses, une har-
„monie d'instrumens de Musique, les delices des hu-
„mains. Je me suis fait grand; & je me suis accrû plus
„que tous ceux qui on esté devant moy à Jerusalem &c.
„Mais ayant pris garde à toutes les œuvres que mes mains
„avoient faites, & à tout le travail auquel je m'etois ap-
„pliqué en les faisant: Voyla tout étoit vanité & ronge-
„ment d'esprit. Tellement que l'homme n'a aucun ad-
„vantage de tout ce qui fait sous le soleil.

Mais quand les biens temporels pourroient faire la
felicité des vivans; toûjours est il évident qu'ils sont inutiles aux morts; & même qu'ils adjoutent à l'idée que
nous avons de la misere, des tenebres, de la solitude & de
l'horreur du tombeau; & que le degré de nôtre gloi-
ré passée semble dans cet état celuy de nostre misere presente. La mort ressemble à cette pierre presque imper-
Daniel ceptible qui brisa la statüe qui representoit les quatre mo-
chap. 2. narchies dans le songe de Nebukadnesar; & les hommes
du monde ressemblent à cette statüe même dont la splen-
deur étoit excellente suivant l'expression du St. Esprit, &
le regard terrible & dans laquelle brilloient l'or & l'argent
pendant qu'elle étoit debout: mais qui n'eut pas plûtôt esté
frapée par une pierre sans main, que sa belle apparence perit dans un instant& que le fer, l'airain, l'or & l'argent qui
la composoient fûrent comme la paille de l'aire d'Esté que

le vent transporte, & qu'on ne trouve plus. La puiſſance du tombeau qui éteint les familles, qui deſole les Eſtats, qui couche les nations dans la pouſſiere & qui fait du monde même comme un grand & vaſte cercueil où les morts enſeveliſſent les morts, refute bien efficacement les éloges qu'on prend des avantages temporels & qui paroiſſant deſtinés à honorer la memoire des morts ne ſervent en êffêt qu'à flater la vanité des vivans.

Que les hommes ſont inſenſés de vouloir revetir la cendre de tiltres plus vains que cette cendre même, de flater per la pompe de leurs panegyriques mondains des Alteſſes ou des Majeſtés qui pourriſſent & de faire l'eloge du monde lors que la mort leur fait voir que le monde n'eſt que vanité ! L'Ecriture nous apprend que leurs memoires ne ſont que memoires de cendres, & leurs eminences que des éminences de boüe. Car comme elle nous renvoye à la loy & au temoignage lors qu'il s'agit de trouver la verité qui nous éclaire, elle nous renvoye à la mort & au ſepulchre lors qu'il faut nous donner des idées de noſtre miſere qui nous humilient. *Job 13.*

Si donc vous voulés ſavoir ce que c'eſt que cet homme qui s'ayme, s'eſtime & ſe flate ſans bornes, conſultés la mort. Entrés dans ſes tombaux; ou faites venir devant vous ces ſqueletes informes, ces cadavres infects, ces oſſemens pourris, ces affreux reſtes de nous mêmes. Voyés y les Dieux de la terre étendus dans la pouſſiere; les grands & les magnifiques des nations paſſer de leurs palais dans la maiſon des tenebres, giſant dans l'ombre de mort & couchés triſtement ſur une couche de vers.

Ecoutés comment eſt reçu dans l'Empire de la mort, celuy qui n'a recherché que la gloire du monde. *Le ſepulchre d'embas dit le St. Eſprit, s'eſt ému pour aller au devant de luy; il a reveillé les trepaſſes & a fait lever deleurs ſieges les principaux de la terre, tous les Roys des nations. Eux tous prendront la parole & te diront. Et tu as eſté auſſi affoiblie comme nous ! Tu as eſté rendüe ſemblable à nous étoile du matin, fille* *Eſaie chap. 14.*

de l'aube du jour !   On a fait descendre ta magnificence au sepulchre ! Or tu disois en ton cœur, je monteray jusqu'aux Cieux, j'éleveray mon trône par dessus les étoiles &c. Je seray au dessus des nuées.   Je seray semblable au souverain; & voici on ta fait descendre dans le sepulchre &c.   Ce sont deux choses bien opposées que l'orgueil & la mort.   L'une nous éleve au dessus de tout.   L'autre nous abaisse au dessous de tout.   L'une est comme un ministre de l'amour propre qui nous éleve injustement & l'autre est un ministre de Dieu qui nous enseigne que Dieu seul doit estre elevé.   L'une nous erige en Divinité & l'autre nous fait voir que nous ne sommes qu'un peu de poudre.   Naissance, honneur, richesses, gloire, dignités, sceptres, diademes, vous flatés en vain ce que la mort va dissoudre ; & vous distingués inutilement ce que la mort doit bientôt égaler.

Mais si la mort est affreuse en elle même, on la void, sous une forme agreable lors qu'on la considere en la personne de ceux qui meurent au Seigneur.

Il n'est pas bien difficile de connoitre ce que nous devons entendre par cette expression.   Le St. Esprit nous le fait assés comprendre lors qu'il nous represente les justes se faisant pendant leur vie un tresor de bonnes œuvres qui les suivent aprés leur mort comme nous le verrons dans la suite.   Ainsi mourir au Seigneur c'est avoir vecu dans sa crainte, c'est avoir gardé sa parole & perseveré dans son amour;   c'est avoir esté ferme dans la profession de sa verité & dans la hayne du vice; c'est avoir vecu dans le detachement du monde & dans la privation des plaisirs criminels, ce qui est une premiere mort qui nous fait regarder sans crainte & sans regret la mort de la nature; & c'est aussi avoir la paix & la dilection de Dieu épandüe dans son cœur.   C'est vivre dans l'attente que l'Apostre exprime en ces termes.   *Nous attendons des Cieux le Seigneur JESUS qui transformera nostre corps vil & le rendra conforme à son corps glorieux,* ou dans les sentimens de celuy qui s'écrioit: *que je meure de la mort du juste & que ma fin soit semblable à la sienne,* ou dans la sainte disposition de celuy qui dit à Dieu. *Je remets mon ame entre tes mains; car tu l'as racheté, o Dieu de verité;* & c'est, mes freres, ce qu'il a pleu à Dieu nous faire voir dans l'exemple que sa sagesse nous met aujourd'huy devant les yeux. Car ce n'est ni la mort d'une personne simplement; ni la mort d'une grande Princesse; mais la mort d'une personne juste; & d'une Princesse qui est morte au Seigneur, que nous vous representons.

Pseau 31.

Je say, mes freres, qu'il est également dangereux de trop loüer la creature & de ne pas asésloüer le Createur; & quand je pourrois le revoquer en doute; un homme qui en fût adverti divinement me le confirmeroit. Durant les prenseés diverses de la nuit, nous dit il, il me" survint une frayeur & un tremblement qui étonna tous" mes os. Un esprit se tint devant moy. Les poils de ma" chair en fûrent herissés; & j'oüis une voix basse me di-" sant. L'homme sera-t-il plus juste que Dieu? L'homme" serat-t-il plus pur que celuy qui la fait? Voici il ne s'as-" füre point en ses serviteurs, encore qu'il mette lumiere" en ses Anges. Combien moins en ceux qui demeurent" dans les maisons d'Argile?

Job chap. 4.

Par la grace de Dieu nous n'aurons à craindre ni la frayeur ni la jalousie du tout puissant, parce que suivant l'esprit de celle dont nous parlons, qui fût toûjours humble & modeste, nous ne loüerons en sa personne que les graces du St. Esprit. Dieu l'avoit élevée par la gloire de sa naissance & par une alliance encore plus haute & plus glorieuse: mais elle sceut s'abaisser saintement en la presence de Dieu. Elle avoit entendu cette voix du Ciel. *Dis au Roy & à la Regente; humiliés vous & vous tenés bas, sachant que ce ce qui est sur vos têtes descendra savoir la couronne de vôtre magnificence.* Elle etoit elevée sans presque s'en apercevoir; & il sembla qu'elle ne voulut connoitre de sa grandeur que ce qu'il en faloit voir pour remercier celuy qui en étoit le premier principe. Elle fût les delices de l'illustre fa-

Jer. 9.

mille où elle naquit, & l'exemple de l'augufte maifon où elle entra. Tous les fiecles trouveront en fa perfonne un modele de l'amour conjugale & un exemple de pieté. Elle ayma fon illuftre époux plus que toutes chofes : mais elle ayma Dieu plus que fon époux ; & jamais fans doute il ne fût plus vray de dire avec le fage. *La maifon & les richeffes*

Proverb. *font l'heritage des peres : mais une femme prudente eft de par l'Eter-*
chap.19. *nel. La crainte de l'Eternel eft inftruction de fageffe ; & l'humilité va*
v.14. *devant l'honneur.* Elle fût toûjours daus le monde & le mon-
chap.15. de ne fût jamais dans fon cœur. Elle meprifa toutes les
v.33. vanités du ficle : & elle honora toute forte de perfonnes.
Egalement capable de fe taire & de parler, elle refpecta la reputation des moindres comme celle des plus grands. Elle écouta la voix des miferables & n'écouta jamais celle
Proverb. des calomniateurs. *Son cœur fage conduifit prudemment fa*
v.23. *bouche & accrût doctrine fur fes levres.* Elle ne voulut ni puiffance ni credit que pour faire dubien. Elle ne crai-
gnit point de s'abbaiffer en s'informant exactement des ne-
ceffités des familles, en entrant dans leurs befoins & pre-
chap.31. venant leurs demandes par fa charité. *Elle tendit la main*
v.20. *à l'affligé & avança fa main au fouffreteux.* Il fembloit que le Ciel ne l'eut fait naitre que pour recueillir les foupirs des miferables, pour prefenter elle même leurs requeftes & les accompaguer de fon interceffion ; pour appaifer les dif-
ferens ; pour excufer les fautes, & pour diffiper les mau-
vais foupcons. La douceur de fon entretien confoloit les plus miferables. Ses yeux annonçoient la paix & fon vifage apportoit bonnes nouvelles. Son accés facile aux
chap.16. gens debien leur fit éprouver que *c'eft une effece de vie que*
v.15. *le vifage ferein du Roy & que fa faveur eft comme la nuée por-*
tant la pluye de la derniere faifon. O que la gloire de ces he-
ros & de ces conquerans que le monde & l'hiftoire nous vantent, cede a celle de fa moderation, & de fa vertu. Les defolations de la guerre, le fang repandu, les
cités embrafeés, les empires renverfés, les nations fou-
leés, la face de la focieté changée, l'univers même affu-
jeti,

jeti, ces fameux ouvrages de la puiſſance des hommes, ces monumens deleur force & deleur pouvoir que ſont ils au fond que les êffèts dela foibleſſe d'un cœur qui ne peut eſtre le maitre de ſon ambition & de ſa cupidité? Mais les œuvres de nôtre grande Princeſſe, ces œuvres de ſa charité & de ſa beneficence, qui ont eu pour objet la miſere & la foibleſſe du prochain, marquent la force d'une ame ſainte qui s'éleva au deſſus de ces vaines grandeurs & ſortit hors du centre de l'amour propre pour s'égaler à ſes freres & pour leur faire du bien. Les autre auront aſſujeti les peuples; celleci a remporté une victoire plus belle & plus difficile par la grace de Dieu qui luy a fait ſurmonter ſes paſſions. Les autres auront fait verſer des larmes à leurs freres. Celleci leur a donné les larmes de ſa charité & de ſa compaſſion. Les autres auront detruit leurs ennemis. Celleci aura éteint dans ſon cœur tout reſſentiment & toute hayne. Diſons le donc, mes freres, puiſque le St. Eſprit la dit avant nous. *Celuy qui eſt tardif à colere, vaut mieux que l'homme fort, & celuy qui maitriſe ſon courage, que celuy qui prend des viles.* Le monde a veu diſparoitre les trophées que les Dieux de la terre ont erigé à leur orgueil: mais l'Egliſe verra perpetuellement les trophées que la pieté de celleci erigea à Dieu. La renommée ne publiera point ſes exploits: mais la voix des affligés publiera ſa charité & ſes vertus. Elle ne ſera point parée de depouilles injuſtes: mais on l'aura veüe couverte d'innocence & de ſainteté. *Elle aura eſté une cou-* Eſaie *ronne d'ornement en la main de l'Eternel, & une tiare royale* 62. *en la paume de ſon Dieu.* Et que dirons nous de ce zele veritable & de cette ſainte jalouſie dont elle fût emüe pour les interêts de ſon Dieu, de la part qu'elle prit à nos afflictions, des larmes que ſa pieté luy fit repandre ſur les deſolations de la ſainte Cité, de ces larmes qu'elle donna à l'Egliſe au milieu de la proſperité & des advantages du monde, de ces larmes Stes. que Dieu a voulu eſſuyer luy même, qui ont deu toucher nos ames, que nous avons

deu comme recueillir dans nos cœurs? fille de mon peuple ceins toy d'un fac, & te veautre en la cendre. Mene
„deuïl comme fur un enfant unique. Car le deſtucteur
„eſt venu fubitement fur toy.

A la mienne volonté que ma teſte s'en allat en eau &
„que mes yeux fûffent une vive fontaine de l'armes, & je
„pleurerois jour & nuit la navrée à mort de la fille de mon
„peuple, car cette playe nous eſt arrivée lors que nous
„étions deja froiſſés par la main de tout puiſſant. L'Eter-
„nel nous a navrés, l'Eternel nous a mis en angoiſſe. Une
„voix a eſté ouïe en Iſrael & un pleur de fupplication: un
„cri de complainte & de l'amentation trés amere. Ra-
chel pleurant fes enfans qu'on luy arrache, & qui ne peut
eſtre confolée, pleure auſſi fur le tombeau de celle qui
devoit fervir à confoler fes defolations ; Elle cherche
celle qui fût fi touchée de fes maux & qui devoit contri-
buer à foulager fes fouffrances & ne la trouvant point, elle s'écrie par la bouche de fes enfans ou plûtôt elle grave
profondément cette plainte dans nos cœurs. A cauſe
„de ces chofes je pleure, & mon œuil, mon œuil fe fond
„en eau. Car le confolateur qui me faifoit revenir le cœur
„s'eſt éloigné de moy; lorsque l'Eternel ma caché fa face.
„Cela ne vous touche-t-il point, vous tous paſſans. Con-
„templés & voyés s'il y a douleur comme ma douleur,
„qui m'a eſte faite à moy que l'Eternel a rendu dolente
aujour de l'ardeur de fa colere. Paſſons, mes freres. de-
tournons les yeux pour un moment d'un objet qui émut
fi juſtemement nos ames, & tachons de nous confoler
en voyant quelle eſt la condition de tous ceux qui meurent au Seigneur.

Le St. Eſprit avance ici comme un paradoxe & le con-
confirme par deux raiſons. Il dit que les morts qui meurent au Seigneur font bienheureux; & il le prouve parce qu'ils fe repoſent de leurs travaux & que leurs œuvres
les fuivent.

Il eſt certain que le defir de la felicité eſt naturel à

tous les hommes du monde. C'eſt le bonheur qu'ont en-
veüe les pauvres & les riches, les jeunes & les vieux
les grans & les petits, les avares & les liberaux, les tem-
perans & les voluptueux: mais le bonheur que pourſui-
vent les gens du monde les fuït. Ils ſement l'outrage_"
& moiſſonnent le tourment. Le mechant fait une œuvre"
qui le trompe. Tous les hommes ſont dans l'erreur à
cet égard; Les ſtoïciens qui cherchent la felicité dans la
poſſeſſion d'une fauſſe ſageſſe, les diſciples d'Epicure qui
la font conſiſter dans la volupté, les hommes du monde
qui la placent dans les advantages temporeles. Ils ſuivent tous un même principe d'erreur parce qu'ils renfer-
ment le bonheur dans l'enceinte des objets du monde &
dans les limites de cette vie; au lieu qu'on doit le cher-
cher dans des objets ſur naturels & au delà du tombeau.
Les hommes regardent la mort comme le Roy des épouvantemens: mais les fideles ſavent que le jour de la mort"
vaut mieux que celuy de la naiſſance. Nous ſommes
heureux par ce qui ſembloit nous rendre des objets de_
pitié; & afin que vous n'en doutiés point c'eſt l'eſprit de
verité qui le dit & qui l'aſſûre.

Ce n'eſt pas ici une certitude humaine fondée ſur
les conjectures & ſur les ſpeculations de l'eſprit humain:
ceſt une certitude divine fondée ſur l'authorité de Dieu
& ſur l'oracle exprés du St. Eſprit. Car comme les fideles devoient eſtre expoſés à la perſecution; de toutes les
puiſſances, il fût neceſſaire qu'au defaut de tous les conſolateurs humains, ce veritable & divin conſolateur qui
avoit eſté promis à l'Egliſe, les raſſûrat par ſes promeſſes
& ratifiat dans une Epiſtre ce qu'il devoit écrire dans les
plaques de leurs cœurs. Ecri, dit l'eſprit, bien heureux
ſont les morts. Ouï pour certain, dit l'eſprit. Car dés
maintenant, ils ſe repoſent de leurs travaux.

L'expreſſion de l'original que nous avons traduite
par dés maintenant ou dorenavant peut s'unir également
bien avec ces premieres paroles, les morts qui meurent au

Seigneur; & avec cellesci, ils se reposent de leurs travaux.
Si c'est le premier, la construction de ces paroles sera celleci. Bienheureux sont les morts qui dorenavant meurent au Seigneur; & leur sens sera que pendant ce regne
de la beste qui devoit enyvrer tous les Roys de la terre,
du vin de sa paillardise & estre enyvreé elle même du
sang des Martyrs, dans ce temps d'affliction marqué par
ces paroles du verset precedent: *Ici est la patience des saints:*
dans ces temps d'angoisse particulierement ceux là se-
roient bien heureux que Dieu retireroit en sa paix.

Si l'on s'attache à la seconde maniere de traduire,
qui paroit la plus juste & qui ne sauroit estre suspecte à
personne puisque c'est celle de la vulgate de l'Eglise Romaine, la construction des paroles de nôtre texte sera
celleci. Bienheureux sont les morts qui meurent au Seigneur. Ouï pour certain. Car dés maintenant ils se reposent deleurs travaux &c. Et le sens est que leurs ames
au sortir deleur corps, sans rien attendre, sont recües dans
le repos de Dieu; ce qui detruit l'imagination de quelques peres de l'Eglise qui ont crû que les ames des justes,
n'estoient pas recües dans le sejour des bienheureux im-
mediatement aprés la mort: mais qu'elles étoient gardées
dans un troisieme lieu où privées de connoissance & de
sentiment, elles ne souffroient ni bien ni mal.

C'est mal connoitre ce que c'est que nôtre esprit que
de s'arrêter à ces vaines speculations. Nôtre ame n'est,
pour ainsi dire, que feu & qu'activité. Elle habite dans
une maison d'argile: mais elle n'est point renfermeé dans
des bornes si étroites. Elle sort hors d'elle même & par-
court la Terre & les Cieux sans se mouvoir, d'une maniere plus noble que si elle se mouvoit; & puis rentrant
en elle même elle se replie sur soy & reflechit sur sa nature
sur ses actions, sur sa maniere d'agir à l'infini. Cette activité qui la fait sortir d'une matiere à laquelle elle se trouve attachée & ce progrés presque infini de sa reflexion,
dont la matiere ne sauroit étre capable nous decouvrent

ſa ſpiritualité ; & nous montrent auſſi qu'elle ne ſauroit trouver ſon repos dans des objets materiels.

Si cette ame étoit corporele, elle trouveroit ſon centre & ſon repos parmi les corps: mais parce qu'elle eſt ſpirituele, elle ne peut ſe repoſer qu'en Dieu qui eſt le pere des Eſprits.

En êffèt toutes choſes cherchent Dieu dans cette ame. L'eſprit n'eſt jamais las de connoitre ni le cœur deſirer, & l'inſatiable avidité de l'un & de l'autre demendant un bien qui enferme tous les autres ou un objet infini, nous conduit naturellement à Dieu qui eſt le ſouverain bien.

La chair a beau nous attacher aux objets ſenſibles de ce monde, l'eſprit qui y trouve tout disproportionné à ſes deſirs plus grands que tout ce qu'il deſire, ne nous permet point de nous en contenter. Nôtre ame court de bien en bien & vole d'objet en objet: mais elle ne ſera jamais en repos juſqu'à ce qu'elle ſe ſoit unie avec ſon Dieu. Cyneas ſe moque de Pyrrus lorſque celuici veut attendre à ſe repoſer qu'il ayt ſubjugué l'Italie & defait les Cartaginois & luy conſeille de ne pas faire tant de chemin pour jouïr d'un repos qui ſe preſente à luy: mais nous pouvons nous moquer de Cyneas qui donne à ſon Prince un conſeil inutile. Pyrrus & tous les hommes du monde ſont également incapables de repos ſoit qu'ils reüſiſſent ſoit qu'ils ne reüſſiſſent pas dans leurs deſſeins. Laſſés des affaires & ennuyés de l'oiſiveté; auſſi peu contens de ce qu'ils poſſedent que de ce qu'ils ne poſſedent pas, & auſſi peu capables de ſe contenter de ce qu'ils poſſederont que de ce quils poſſedent dêja ; ils peuvent s'attacher aux choſes materieles parce qu'ils ſont compoſés en partie de matiere: mais ils n'en ſeront point ſatisfaits parce qu'ils ont un eſprit dont la nature & l'excellence ſont disproportionneés à tout ce qu'on void. C'eſt ce que l'experience & la raiſon nous apprennent & que l'Ecriture nous fait comprendre lors qu'elle nous dit, *que le tour-* *ment ne ſort poin de la poudre & que le travail ne ſe leve point de*   Job chap. 5. v. 6.

la terre. La terre repofe dans la terre; mais l'efprit ne repofe que lors qu'il eft avec Dieu qui la donné. C'eft une verité que divers exemples confirment excellement.

Genef.3. Le premier homme perd le repos en s'éloignant de Dieu; & n'eft pas plutôt exilé du Paradis d'Eden, qu'il eft con-
chap.4. damné au travail. Caïn banni de la prefence de fon Dieu aprés fon parricide, fenfuit errant & vagabond fur la terre. Il fuit fans qu'il y ayt perfonne qui le pour fuive;
Proverb. & fans qu'il paroiffe de bourreau pour le punir, il s'écrie
27. ma peine eft plus grande que je ne la peux porter.
Efaïe 50. Voici tu m'as de chaffé de cette terre; & il arrivera que
Jonas 1. quiconque me trouvera. Jonas fuyant en Tarfçis comme pour s'éloigner de fon Dieu & pour éviter d'executer fes ordres, ne peut pas même trouver de repos dans le fommeil & acueilli par une tempefte exterieure qui le reveille, il trouve dans fon cœur un orage plus affreux que
Luc. 11. toutes les tempeftes du dehors. Les Efprits malins nous font reprefentés comme cherchant du repos & n'en trouvant point; le Demon comme tracaffant & fe promenant par toute la terre, & tous les mechans fans exception comme occupés fans ceffe à fe creufer la foffe dans laquelle ils tombent ou comme femant l'outrage avec bien de la peine & moiffonnant le tourment. C'eft, mes freres, que toutes chofes font dans l'agitation & dans le travail pendant qu'elles font hors de leur centre & que comme les chofes pefantes, fe meuvent toûjours jufqu'a ce qu'elle font parvenües à la terre, ou comme les rivieres coulent neceffairement jufqu'a ce qu'elles font entrées dans la mer qui eft leur élement; auffi les efprits font dans un mouvement neceffaire & dans une continuele agitation jufqu'a ce qu'ils font unis avec Dieu. Les objets du monde qui nous arreftent en bas, travaillent nôtre ame plus qu'ils ne la fatisfont, le corps qui l'apefantit, fait auffi fes langueurs & fes ennuis le peche qui la fepare de Dieu fait naitre fes remors & fes effroys, & les paffions qui l'écartent du fouverain bien pour l'at-

tacher à de faux advantages font auſſi pour elle une_ ſource feconde de ſoucis & d'inquitudes : mais enfin la_ mort qui fait diſparoitre les objets du monde, qui diſſout ce corps , qui detruit le principe du péché en detrui-ſant la chair, qui éteint le feu des paſſions, écarte tous les obſtacles qui empechoient nos eſprits d'aller à leur cen-tre qui eſt Dieu, dans le quel ils ſont affranchis & de la mi-ſere & du travail, des remors & des inquietudes, des crain-tes & des éffroys, de la triſteſſe & de l'angoiſſe qui les a tra-vaillés pendant qu'ils ont eſté éloignés de leur centre & qu'ils ſe ſont attachés à la poudre & à la matiere. Bien-heureux donc ſont les morts qui meurent au Seigneur_. Car ils ſe repoſent de leurs travaux étant tres étroitement unis avec Dieu.

Il eſt adjouté que leurs œuvres les ſuivent pour nous apprendre qu'elles viennent en conte devant Dieu ; c'eſt ce que Jeſus Chriſt nous fait aſſes comprendre lors qu'il repreſente le juge du monde diſant aux juſtes. Venés" les benits de mon pere, poſſedés en heritage le Royau-" me qui vous a eſté preparé dés la fondation du monde :" car j'ay eu faim & vous m'avés donné à manger : j'ay eu" ſoif & vous m'avés donné à boire : j'eſtois étranger &" vous m'avés recueilli : j'étois nud & vous m'avés reve-" tu : j'étois malade & vous m'avés viſité : j'eſtois en pri-" ſon, & vous eſtes venus à moy. En verité je vous dis qu'en" tant que vous l'avés fait à l'un de ces plus petits de mes" freres, vous me l'avés fait. Non que les œuvres nous puiſſent faire ſubſiſter devant le tribunal de Dieu puiſque *nôtre bien ne parvient point juſq' a luy, que quand nous aurions fait tout ce qui nous eſt commandé de faire, nous ne ſerions en-core que des ſerviteurs inutiles, & que les ſouffrances du temps preſent ne ſont point à contrepeſer avec la gloire qui doit eſtre_ revelée en nous :* mais c'eſt que les œuvres juſtificent la foy qui nous ſauve comme la foy juſtifie que J. C. eſt mort pour nous ; ce que St. Jacques entend lors qu'il dit : *Mon-tre moy ta foy ſans tes œuvres, & je te montreray ma foy par mes œuvres.*

Matth. chap. 25.

S. Paul Rom. chap. 7.

St. Jaques chap. 1. v. 17.

Que si les morts qui meurent au Seigneur sont heureux parce qu'ils se reposent de leurs travaux & que leurs œuvres les suivent; on peut dire par la loy des contraires de tous ceux qui meurent dans des dispositions mondaines, qu'ils sont privés de tout bonheur & de tout repos aprés leur mort. Maisque dis je! ils sont dans le centre de la misere & dans l'abysme de la mort. Au lieu du repos, ils rencontrent le trouble. Ils demandent la paix à hauts cris : *Esaïe chap.48. v. 22.* mais on leur repond : il n'y a point de paix pour le mechant, a dit l'Eternel. Pendant que l'esprit a esté attaché à la poudre, il s'est travaillé : mais il a esperé de voir Dieu : & cette esperance quoy qu'éloigneé & fausse tres souvent a esté un espece de repos pour luy : mais maintenant qu'il est degagé de la matiere & qu'il se trouve privé de Dieu pour jamais, il tombe dans les tenebres & dans la solitude d'une mort plus affreuse que toute autre. Ses inquietudes se changent en éffroys. Ses remors, ces vers qui ne meurent point, ces serpens de la conscience qui dormoient dans le fond du cœur & dans les tenebres de *chap. 13.* la preocupation, se reveillent par l'éclat de la justice de Dieu & dechirent l'ame des pecheurs. Ils sont éperdus, detresses & douleurs les saisissent. Il sont en travail comme celle qui enfante. Leurs œuvres les suivent : mais qu'elles œuvres? les œuvres de la chair, les œuvres infructueuses des tenebres qui viennent solliciter la vengeance de Dieu. Ces œuvres impies, ces actions de tenebres qui sembloient estre en sevelies dans l'oubli assiegeant leur it, remplissent leur memoire & se presentent à leur imagination comme autant de bourreaux qui les punissent aprés les avoir rendus coupables & qui vengent Dieu apres l'avoir offensé.

Leurs œuvres les suivent; mais quelle suites affreuses accompagnent & accompagneront leurs œuvres, leurs *St. Pierre* ressources perdües, leurs attachemens rompus, leur at-*2. Epist.* tente qui perit, le monde qui s'enva, la terre embrasée, *chap. 3.* ses elemens dissous, les trônes qui sont renversés, les me-

taux

taux qui fondent, la pourpre qui brule, les palais qui fument; le Ciel fermé, l'Enfer ouvert; la vie qui passe, la mort qui vient; l'Eternité qui approche, les siecles qui disparoissent; le supportqui finit, la vengeance qui commence; la misericorde qui se ferme, l'abysme qui s'ouvre; l'epée de l'Eternel qui devore & consume; la tempeste de Dieu qui survient, sa fureur qui sort, son tourbillon qui s'entasse, ces fleches du tout puissant dont-ils succent le venin, ces effroys, ces épouvantemens, ces frayeurs du tout puissant qui se rangent en bataille, ces horreurs éternelles, ce feu qui flamboye en son indignation, qui s'allume contre les mechans & les consume comme de l'étule. O Dieu qui est ce qui pourra séjourner avec ton feu dévorant? Qui est ce d'entre nous qui pourra subsister avec les ardeurs éterneles?

Daniel chap. 7.

Jerem. 30.

Job. 6.

Jerem. 15.

Esaie 33.

Nous pourrions ici, mes freres, combatre diverses erreurs de l'Eglise Romaine qui y trouvent leur condamnation. Nous pourrions vous montrer qu'en detruisant la certitude de salut, elle ôte l'esprit de la Religion & aneantit cette confiance qui nous est si necessaire pour approcher du trone de Dieu & pour y trouver du secours en temps opportun, confiance que le St. Esprit veut faire naitre dans l'ame des mourans lors qu'il nous dit: Bienheureux sont &c.

Il seroit aisé de combatre le merite des œuvres lesquelles nous suivent & ne nous precedent pas dans nôtre justification; & vous faire voir par la même qu'elles sont necessaires sans qu'elles meritent rien devant Dieu.

Il ny auroit rien de plus facile que de vous faire voir que le trefor des indulgences n'a aucun fondement dans l'Ecriture, puisque l'Ecriture nous dit bien que nos œuvres nous suivront: mais ne nous enseigne nulle part que nous devions être suivis par les œuvres des autres.

Nous pourrions vous montrer que toutes les ceremonies dont on occupe l'esprit des mourans; ces huiles, ces

C

eaux luſtrales, ces crucifix, ces habits myſterieux, ne ſont qu’un appareil inutile, & qu’une choſe ſeulement eſt neceſſaire, c’eſt de mourir dans la crainte du Seigneur.

Nous aurions lieu de vous faire voir l’inutilité de la priere pour les morts, leſquels ne pourroient regarder qu’avec compaſſion les vœux que des hommes impurs addreſſent à Dieu pour des ames pures, & les prieres que des creatures miſerables pouſſent pour des creatures bienheureuſes, ſi les morts avoient quelque connoiſſance de ce qui ſe fait ſous le ſoleil.

On vous montreroit que rien ne paroit moins ſuivi que cette double fiction d’un limbe où les ames des fideles de l’ancien teſtament ayent eſté enfermeés ſans rien ſouffrir & d’un purgatoire où les fideles qui meurent ſous le nouveau gemiſſent dans des tourmens inexprimables comme ſi c’eſtoit le fruit de l’economie de grace de faire ſouffrir les fideles qui n’auroient rien ſouffert ſils fuſſent morts pendant le miniſtere de mort ; Comme s’il étoit permis aux hommes de corriger à cet égard le texte ſacré; & de dire contre l’oracle de l’Ecriture. Bienheureux ſont les fideles qui ſont morts ſous la loy; & malheureux ſont les morts qui meurent dorenavant au Seigneur ;

Mais ſur tout nous aurions une belle occaſion de refuter la doctrine du purgatoire ſi contraire à la lumiere naturele, à l’analogie de la foy, à la ſageſſe & à la miſericorde de Dieu & tant de fois contredite par l’Ecriture qui nous dit qu’il n’y a nulle condamnation pour ceux qui ſont en Jeſus Chriſt & qui vivent non point ſelon la chair: mais ſelon l’eſprit; nous faiſant comprendre que la propitiation de nos pechés eſt generale & qu’elle regarde toutes nos fautes ſans exception parce que *le ſang de Jeſus Chriſt nous netoje de tout peché ;* que cette propitiation eſt par faite: puiſque *quand nos pechés ſeroient plus rouges que le vermillon ils ſeront rendus plus blancs que la neige;* nous diſant *que ſi nôtre domicile terreſtre eſt detruit ; nous avons dans le*

Ciel un tabernacle qui n'est point fait de main; que les fideles   Heb.16.
au fortir de cette vie *font portés dans le fein d'Abraham &*
dans un lieu *ou ils ont tous leurs biens, comme ils ont eu tous
leurs maux dans cette vie.*

    Mais outre toutes ces preuves, nous refuterions cette
doctrine par les paroles expreffes de nôtre texte qui nous
enfeignent que les juftes fe repofent, qu'ils fe repofent dés
maintenant, qu'ils font bienheureux.　Car pour la defaite
des Docteurs de la Communion Romaine qui pretendent
fe fauver en difant qu'il n'eft là parlé que de ceux qui fouf-
frent le martyre, elle eft detruite par trois raifons principa-
les.　La premiere eft que la propofition du St. Efprit eft generale & comprend tous ceux qui meurent au Seigneur,
les exceptions de l'Eglife Romaine ayant efté inventées a-
prés coup & feulement pour éluder la force d'un paffage fi
exprés.　La feconde que tous les fideles fans exception font
appellés à fouffrir le martyre, les uns d'une maniere & les
autres d'une autre, les uns en fouffrant les outrages de la
perfecution pour le temoignage de Jefus Chrift; les autres
en fupportant les difgraces du monde & en renonçant à
euxmémes pour J. C. ce qui s'appelle dans le ftile de   Matth.5.
l'Evangile s'arracher les yeux & fe couper les mains; &
ce qui ne doit pas eftre diftingué du martyre. La troifieme
eft que Dieu ne prend pas feulement pour de vrays martyrs ceux qui ont fouffert pour fon nom : mais qu'il donne cette qualité à tous ceux qui font dans la difpofition
de fouffrir pour fa gloire.　On ne peut nier que Dieu ne
regarde plutôt à la difpofition de l'ame qu'à l'acte exte-
rieur, puifque St. Paul nous declare que quand nous li-   1.Cor.13.
vrerions noftre corps aux flammes pour être brulé, ce   v.3.
n'eft rien fi nous n'avons la charité. Il eft vray encore que
tout Chretien doit eftre martyr defait ou de volonté puifque   Matth. 10,
Jefus Chrift nous declare en plufieurs endroits de fon   38.&16,24.
Evangile que fi quelquin ne hait fon ame pour l'amour   Luc. 9, 24.
de luy, il n'eft point digne de luy, & que celuy qui ne por-   & 17,33. &
te fa croix epres luy, ne merite pas d'eftre regardé comme   14, 27.

Marc. 8.
v.34.36. son disciple. Faudra-t-il donc renoncer à toutes ces veri-
tés, & dire qu'il ne sert de rien dans cette occasion de vouloir souffrir le martyre si l'on ne le souffre en éffet, comme si nous étions punis de ce que la sagesse de Dieu ne
nous presente point les occasions de souffrir pour sa gloire
encore que nous en ayons la volonté ; comme si ce grand
Dieu auoit dés yeux de chair & de sang pour regarder à ce
que nous faisons plutôt qu'à ce que nous sommes disposés
de faire? Mais encore qu'il ayt esté necessaire detoucher
ces matieres en passant, la veüe dans laquelle nous consi-
derons ce textes, ne nous permet pas de nous yarreter ; &
il vaut mieux en tirer des consolations pour soulager nôtre
douleur que des preuves pour combatre nos adversaires.

Zach. 13.   Il est vray que cette douleur est grande & legitime.
„Nous avons mené dœuil comme quand on mene dœuil
„d'un fils unique ; & nous avons esté en amertume com-
„me quand on est en amertume d'un premierné. Nous
„en avons bien raison.   A peine avons nous fait cette perte, que nous l'avons sentie.   Cette belle ame étoit comme un astre bienfaisant dont la lumiere assûroit nos pas
& comme le psalmiste remarque qu'aussitôt que le soleil
Pseau 140. s'est retiré, les bestes sauvages sortent de leurs tanieres
& éffrayent ou dechirent ceux qu'elles rencontrent, il a
semblé qu'aussi tôt que cette lumiere s'est éteinte pour
nous, la hayne, la calomnie & l'artifice de quelques uns
hardis à inventer des faussetés notoires, se soient dechai-
nés contre nous. Mais ces petits nuages seront bientôt
dissipés par la lumiere de la verité & par l'aspect favorable
de ces autres lumieres qui luiront long temps, sil plait à
Dieu, pour nôtre consolation. Pleut à Dieu que nous fus-
sions les seuls à nous plaindre & à perdre dans cette triste
occasion! Mais où sont ceux qui ne s'interessent dans
un dœuil si publiq & si legitime ? Les pauvres cherchent
celle qui les nourrit, les affligés celle qui les protegea,
les peres de famille celle qu'ils proposoient en exemple
à leurs femmes & à leurs enfans; L'Estat regrete sa

bonté, l'Eglife fa pieté, les étrangers fa protection, l'augufte maifon où elle étoit entrée, fa fageffe, fa modeftie, fa douceur affaifonnée du fel dela pieté, ces fentimens tous remplis de l'onction du Saint Efprit, ces paroles d'édification, fes œuvres & fes vertus fi capables de produire une heureufe & loüable émulation.

Et cependant, o mes freres, fi nous avons aymé & reveré cette grande Princeffe comme nous devions, il faut que les fentimens d'un zele pur & desintereffé arreftent le cours de nôtre trifteffe & nous facent prendre part à la gloire qui a fuivi fa mort.

Elle eft morte: mais elle a efté recueillie en paix *Efa. 51. v. 1.* arriere du mal comme elle le predifoit elle même faintement avant fa maladie & pendant fa maladie, lors qu'elle marquoit fon delogement prochain avec toute la confiance d'une perfonne qui a entendu la voix de Dieu parlant dans fon cœur. Elle n'a plus de part à tout ce qui *Ecclefiaft.* fe fait fous le foleil: mais elle eft au deffus des Cieux & *9. v. 5.* des aftres. Elle ne faura rien de ce que nous fouffrons dans le fejour de la mifere; mais nous faurons qu'elle regne, qu'elle triomphe dans le fejour du bonheur. Elle a laiffé un bel heritage : mais un plus bel heritage luy *Pfeau 16.* eft avenu & les cordeaux luy font échus en lieux plaifans; puifqu'elle a quitté le temps pour l'Eternité, le Ciel pour la terre, un fceptre periffable pour une couronne incorruptible. Les œuvres qu'elle fit pendant fa vie, l'ont toutes fuivie aprés fa mort. Les affligés qu'elle fecourut font demeurés parmi nous pour édifier la pofterité par le recit de fes vertus : mais leurs vœux font montés jufqu'au trone de Dieu ; ces prieres & ces exercices de pieté aux quels on la vid fi attachée font des phioles de par- *Apocalypf.* fum & des encenfemens fpirituels dont l'odeur a demeu- *5. v. 8.* ré fur la terre & a penetré les Cieux. Les pauvres qu'elle a nourris, l'ont recüe dans les tabernacles éternels; les Anges qui la gardoient l'ont portée dans le fein d'Abra- *Luc. 16.* ham ; les efprits des juftes fanctifiés qui fe réjouïffent de la converſion d'un pecheur, ont receu parmi leurs acclamations celle qui travailla à la converſion des pecheurs par ſes ſaintes inſtructions & ſes actions ſaintes. JeſusChriſt qu'elle a aſſiſté en la perſonne de ſes membres myſtiques, luy a fait entendre cette voix de grace. Vien ma ſervante. Ame fidele & loyale. Entre en la joye de ton Seigneur. Tu as eſté fidele en peu de choſe. Je t'établiray ſur beaucoup.

Matth.25.
v.21.

On peut dire à la loüange de la grace qui l'avoit ſanctifiée qu'elle fût pendant ſa vie une image du Ciel qui eſt le ſejour de la paix & de la tranquilité. Son ame exempte du trouble des paſſions & ornée de toutes les vertus reſſembloit au jardin de l'Eternel, elle eſtoit un lieu plaiſant aux yeux du ſouverain. Ne faloit il pas que toute remplie de cette paix qui ſurmonte tout entendement, elle entrat plutôt que les autres dans le repos de Dieu, que celle qui porta l'image de la Divinité en tant de manieres allat s'unir avec cet original éternel & infini de toute la perfection qui peut eſtre conçüe ; que celle qui fut alterée de la grace de Dieu, fut abreuvée au fleuve de ſes delices, que ce ciel de la grace entrat dans le Ciel de la gloire, que ce ſanctuaire du Saint Eſprit, fût bientôt transporté dans le ſantuaire éternel. Helas ! la terre eſtoit trop ſouillée pour conſerver plus long temps, ce vaiſſeau d'élection, cette benite de Dieu. Elle auroit trop ſouffert en voyant l'impieté & la corruption de ce monde profane. Il eſtoit temps qu'elle fût retirée arriere du mal & qu'elle marchat avec Dieu. Tremblons, pecheurs endurcis & inſenſibles que nous ſommes, à cet advertiſſement redoutable qui nous fait connoitre l'excés de nos crimes & de nôtre indignité, & ne provoquons point la juſtice de celuy qui nous laiſſe encore d'autres Princes ſelon ſon cœur, d'autres images de ſa puiſſance & de ſa bonté. Tachons de conſerver ce qui nous reſte & conſolons nous de ce que Dieu gagne ce que nous avons perdu.

Elle eſt donc bienheureuſe cette ame Sainte & nous pouvons glorifier en elle celuy qui en a fait un vaiſſeau de ſa gloire & de ſon élection.   Graces à l'eſprit de verité qui l'avoit éclairée, elle n'a ni paſſé ni fini ſes jours par mi ces conſolateurs, qui épouvantent par l'idée de je ne ſay quels tourmens ceux à qui le St. Eſprit addreſſe des conſolations & qu'il declare bienheureux; comme s'ils vouloient trafiquer des frayeurs & des angoiſſes des mourans. Elle n'a point douté de ſon ſalut encore qu'elle ne doutat point de ſon indignité. Elle a ſceu ſe confier à Dieu & ſe defier de ſoy même. Elle a demandé à eſtre revetüe de la juſtice de Jeſus Chriſt & non d'un habit materiel. Elle a preferé le ſang de ſon Redempteur qui netoye les ames, à cette eau qu'on épand ſur les corps.   Elle n'a point embraſſé de crucifix : mais elle a mis toute ſa confiance au veritable crucifié.   Elle nous demanda ſouvent le ſecours de nos prieres pendant ſa vie: mais heureuſe comme elle eſt, elle ne le demande point aprés ſa mort. Nous n'offrirons pas pour ſes pechés qui ſont éffacés & pour l'etat de ſon ame qui eſt entrée dans la joye de Dieu, un ſacrifice qui a eſté une ſeule fois offert; & que Jeſus Chriſt ſeul étoit digne d'offrir: Mais nous luy preſenterons pour elle le ſacrifice de nos loüanges & de nôtre reconnoiſſance; & nonobſtant nôtre affliction nous remercierons, nous loüerons, nous benirons Dieu, de luy avoir eſté gain dans la vie & dans la mort.   Son ame a eſté purifiée par un feu: mais c'eſt par le feu du Saint Eſprit. Remplie de cette divine flamme. Embraſeéde ce feu ſacré, qui conſuma ſes foibleſſes & purifia toutes ſes affections, elle n'eut point beſoin de deſcendre dans un feu ſouterrain: mais elle eſt montée dans le Ciel comme dans un tourbillon de feu à l'exemple du Prophete Elie.

Ceſſons donc, mes freres, de meler nos baſſes plaintes & nos regrets inutiles à la gloire de ſon triomphe; & tachons plûtôt de profiter & des exemples de ſa vie &

du bonheur de fa mort.　　C’eft la feconde veüe dans la
quelle nous devons confiderer cet objet.

　　Elle eft morte & ni les richeffes ni la grandeur ni
les hommages de la Cour, ni les vœux de tant de perfonnes intereffeés dans fa confervation, ni la fleur de l’aage
& la vigueur de la jeuneffe ni tous les foins de l’art & tous
les advantages de la nature n’ont pû la deffendre de cette
trifte & inevitable neceffité d’aller par le chemin de toute la terre.　　O Dieu qu’eft ce que des hommes qui ha-
„bitent dans des maifons de terre, defquels le fondement
„eft dans la poudre, & qui font confumés à la rencontre
„d’un vermiffeau.　Voyla du matin au foir, ils font brifés
„& fans qu’on s’en aperçoive, ils periffent à jamais à nos
„yeux.

Job 4.

　　Envain nous voudrions nous affûrer fur les caufes
fecondes.　Maudit eft l’homme qui fe confie en l’homme & qui de la chair fait fon bras.　Nous le favons, mes
freres, nous qui voyons gifante dans un trifte cercueil,
celle qui nous promit fi fouvent les éffets de fa protection glorieufe;　& elle le fceut elle même lorfque fen-
tant approcher fa fin comme par une infpiration divine,
elle fe detacha du monde avantque la mort l’en detachat,
employant fes dernieres années à fe recueillir faintement
& à fe mettre en état par la grace du Saint Efprit de rendre fon ame pure au Dieu de pureté.　Son exemple ne
devroit il pas nous avoir arraché cette mondaine fecuri-
té que les advantages temporels nous procurent? & fa
perte n’a-t-elle pas deu nous apprendre que l’Eternel feul
doit éftre nôtre confiance?

Jerem. 17.

　　Ah! fi l’humilité qui aneantit le monde dans fon cœur,
n’a pû nous des abufer de l’opinion exceffive que nous a-
vons des biens temporels, que la mort nous detrompe
lors qu’elle abaiffe à nos yeux, celle qui s’etoit dêja hu-
miliée aux yeux de Dieu.

　　Nous n’avons que de fauffes idées de la mort & de
la vie.　Nous regardons la vie comme enfermant tous

nos

nos advantages, & la mort comme faisant le centre de nôtre misere. Sortons d'erreur m. f. en voyant que tout l'éclat & tous les agremens de la vie n'ont pû satisfaire les desirs de cette ame fidele & que convaincüe de la vanité du monde par son experience, elle a cherché toute sa consolation dans le sein de la pieté, ou si l'enchantement de nos passions est si grand que nous refusions d'en croire ses paroles, croyons en la mort qui nous dit de la part de Dieu ce que l'humilité nous fit entendre de la part de cette sainte, croyons en cette cendre qui sera pourtant ranimée par le souffle de Dieu, ce silence, cette solitude, ces tenebres, ces vers du sepulchre, cette triste dissolution & toutes ces suites de la mort affreuses & touchantes qui confondent le monde, qui aneantissent l'orgueil, qui affligent la chair & le sang & dont nôtre ame trop penetreé d'amour propre, & trop complaisante pour ses passions, se haste de perdre le souvenir pour s'affranchir de la tristesse que ces objets luy inspirent & de la necessité qu'ils luy imposent de se repentir.

La mort peut nous humilier: mais la mort ne sauroit nous abatre. Le sepulchre a ouvert sa bouche pour recevoir celle qui nous honora de sa pretieuse & sainte bienveillance: mais le sepulchre n'enferme point nos esperances. Nos ames ont comme suivi dans le tombeau celle qui nous consola par sa charité & qui nous instruisit par ses bons exemples: mais nos ames s'eleveront jusq'au Ciel par le mouvement d'une esperance qui penetre le dedans du voile & qui s'attache à celuy qui demeure éternellement. L'Eternel nous a navrés, l'Eternel nous consolera. Sa tempeste a fondu subitement sur nous; les vens ont soufflé, & les torrens sont venus; & avant que de voir l'éclair nous avons esté frapés par la main du toutpuissant. Mais Dieu ne nous a point laissés sans consolation. Il a mis son arc dans la nuée. Car nous pouvons bien comparer à l'arc en Ciel cette illustre famille que l'Eglise affligée considere comme un signe de la faveur & de la protection de son Dieu & qui paroit au dessus de nos testes seulement pour nous couvrir, & nous proteger, cette auguste maison que Dieu a remplie de sa connoissance & marquée de ses vertus comme d'autant de couleurs celestes & dans la quelle aussi bien que dans cet arc lumineux, il nous est permis d'admirer une reflexion des rayons & de la gloire d'un soleil c'est a savoir du soleil de ju-

Gen. 9. v. 17.

ftice. Que la vie de ces perfonnes illuftres nous confole & que la mort de celleci ferve à nôtre fanctification.

Elle eft morte au Seigneur aprés avoir vecu dans fa crainte. Ni les vanités du monde ne l'ont feduite ni l'éclat des biens temporels ne la éblouïe; & refiftant à l'enchantement des paffions avec le même foin que fi elle avoit fceu fa predeftination & la courte durée de fa vie, elle a fceu fe faire une folitude au milieu d'une Cour magnifique. Elle a cherché Dieu quoy qu'environnée des objets du monde; & elle a fceu confacrer à la picté ces heures que les autres donnent à leurs divertiffemens mondains. Indulgente pour les fautes d'autruy, elle a exercé une fainte feverité fur elle même; & ne fe contentant pas de veiller & prier dans le fentiment de fes pechés, elle vouloit obliger ceux qui avoient le bonheur de l'approcher, d'étudier fes defauts; toûjours contentant les autres & n'eftant jamais fatisfaite d'elle même, elle étoit pieufe & fainte fans s'en apercevoir; & contant pour rien tout le bien qu'elle avoit fait, elle fe preparoit à nous faire des jours heureux & des années fertiles, lorque la mort, o douleur, nous a privés de ces fruits que nous avoit tant de fois promis fa pieté. Malheureux que nous fommes; & trop indignes des graces que Dieu nous fait! faloit il par le debordement de nos pechés attirer un fi grand chatiment fur nos teftes & provoquer Dieu à nous ôter dans fa colere ce qu'il nous avoit donné dans fon amour? Nos crimes ont coupé le cours de cette vie pretieufe. Elle eft morte parce que nous avons malvecu.

Du moins que fa mort nous face revenir des égaremens du peché. Menons dœuil fur cette illuftre morte: mais fur tout menons dœuil fur nous mêmes & fur nos pechés. Ayons honte de nôtre infenfibilité monftrueufe & deplorable. Confiderons que nous ne penfons prefque jamais à la mort, que nous y penfons en quelque forte malgré nous & feulement lors qu'on nous y fait penfer; que nous n'y penfons que par maniere d'aquit. Et que ferons nous lors que que les vens auront foufflé & auront heurté contre ce tabernacle de pouffiere? Que feroient devenus les plus grans faints s'ils n'avoient fait pendant leur vie des œuvres qui les fuivent aprés la mort? Avons nous certitude que nous ne ferons point emportés par une mort fubite, ou que nous poffederons toute la liberté de nos efprits en mourant, ou que la grace ce vent fpirituel qui fouffle là où il veut foufflera quand il plairra à nôtre negligence; Non, non, des abufons nous, les chofes cachées appartiennent à l'Eternel nôtre Dieu; mais c'eft à nous à profiter des jugemens qui frapent nos yeux.

Elle eft heureufe non pas à caufe qu'elle a vecu dans la gloire

& dans la prosperité temporele: mais parce qu'elle est morte au Seigneur. Laissons aux mondains leurs prejugés & leurs chymeres. On peut dire qu'ils cherchent la felicité dans la boüe. Ils s'établissent dans le chemin glissant. Ils veulent s'éterniser dans le temps, & s'immortaliser malgré la mort: mais comme toutes leurs passions sont des écarts de leur veritable fin & de leur veritable centre, plus ils se tourmentrent, plus ils s'éloignent du bonheur qui consiste à reposer dans son centre & dans son élement. Aprenons que nous ne serons veritablement heüreux que lors que la mort aura reüni nos ames avec celuy qui est le centre eternel des creatures bienheureuses; Aprenons à bien vivre pour bien mourir & suivons l'exemple d'une grande Princesse qui meprisa les delices de la vie, & qui a trouvé son bonheur dans la mort.

Elle s'est reposeé de ses travaux, puisque sans cesser de bien faire, elle a perdu les difficultés que nous trouvons à faire le bien. Degagée de ce corps, elle a pris son essor vers Dieu qui est son centre. Depouillée de ces tristes restes de sa mortalité, elle a volé dans le sejour de la vie; *& aprés avoir semé en larmes, comme le reste des hommes, elle a moissonné avec chant de triomphe.* Tendons, mes freres, à ce repos de Dieu. *Laissons là les choses qui sont en arriere & nous advançons vers celles qui sont en avant;* afin que Dieu nous introduise dans ces sabbats glorieux & éternels *où la voix de l'affligé ne sera jamais entendüe, & d'où la douleur & le gemissement s'enfuiront.*

Elle à esté suivie de ses œuvres cette rachetée, cette benité de l'Eternel; ces œuvres qu'elle avoit mises en oubli, sont montées en memoire devant Dieu. Le monde l'abandonne: mais la pieté ne l'abandonne pas. Elle est delaissée par les advantages du siecle: mais elle est accompagnée des œuvres de sa charité. Que c'est là une importante leçon pour nous apprendre quel doit estre l'objet de nos attachemens. C'est la bonne part que choisit cette ame sainte. De tous ses advantages, elle n'ayma que celuycy; & c'est aussi le seul qui luy reste. *La crainte de l'Eternel fut son tresor* pendant sa vie. *La crainte de l'Eternel est pour elle une source de vie,* aprés la mort. Toute parfumée de cette odeur divine, elle est entree dans le Ciel. *Les portes éterneles luy ont esté ouvertes. La justice de Dieu marchoit devant & la gloire de l'Eternel étoit son arriere garde. Le soleil ne l'éclairera plus: mais l'Eternel sera sa lumiere.*

Que cet objet nous console! Nos esprits sont remplis d'estime & nos cœurs de tendresse pour la memoire cette grande Princesse qui sera éternellement pretieuse devant Dieu & devant les hommes; ne nous contentons point de repandre des larmes inutiles sur son tombeau. Honorons plus efficacement sa memoire. Qu'elle vi-

ve pour nous encore qu'elle soit morte pour le monde! Que ses vertus se perpetuent par une heureuse imitation! Que nôtre vie soit
une expression de la sienne & nos bonnes œuvres ses veritables portraits. Tout ce que nous avons aymé & reveré de cette illustre Princesse est encore vivant; & elle étant morte, sa foy parle encore par
ses œuvres. Elle est morte mais elle vivra dans le souvenir de
l'Eglise & sur tout dans le Ciel qui est le sejour de l'immortalité. *Je
say que son Redempteur est vivant & qu'il demeurera le dernier sur la terre &
qu'encore qu'après sa peau, les vers ayent rongé sa chair, elle verra Dieu de sa
chair.* Nous qui l'avons veüe dans cette valée de misere & de larmes;
nous la verrons s'il plait au Seigneur dans le sejour de la gloire & de
la felicité; elle marchoit devant nous dans les sentiers de la justice
nous la suivrons dans les nuées du Ciel lors qu'ayant repris son
corps, elle ira au devant du fils de Dieu. Elle descendit dans ce lieu
pour meler sa voix à celle de nos cantiques, nous monterons dans
le Ciel pour meler nôtre voix à la sienne & à celle des esprits bienheureux qui assistent devant Dieu.

Ô mort qui as affligé nos ames, où est ta victoire? O sepulchre
„qui as navré nos cœurs, où est ton aiguillon? Ainsi que la terre jet-
„te son germe & comme un jardin fait germer les choses qui y sont
„semées; ainsi l'Eternel fera germer la vie & la justice. Car le sepul-
„chre ne celebrera point l'Eternel. La mort ne le loüera point: mais
„le vivant, le vivant sera celuy qui le celebrera.

Esaïe 61.

Que les tombeaux s'ouvrent pour recevoir la matiere, puisque
les Cieux sont ouverts pour recevoir l'esprit; que le corps pleure
sur la dissolution du corps, notre ame se rejouira saintement de la
gloire de cette ame fidele; Que la terre recoive ce depot, puisque
la terre doit un jour le rendre. Reveilles vous & vous ejouïssés
„avec chant de triomphe, vous habitans de la poussiere. Car la ter-
„re jettera hors ses trepassés. Va fille de mon peuple. Entre en tes
„cabinets, cache toy pour un bien petit moment. Car voici l'Eternel
„s'en va sortir de son lieu, pour visiter l'iniquité des Enfans de la terre;
alors la terre rendra les morts & ne couvrira plus les navrés à mort:
alors les morts sortiront de leurs sepulchres les uns en vie éternelle;
les autres en infamie & opprobre eternel suivis de leurs œuvres &
& precedés par la justice de Dieu; alors les morts vivront, ce corps
mort vivra il passera des tenebres à la lumiere. Il reluira comme
le soleil au royaume de nôtre pere. Il vivra & nous vivrons éternellement avec luy pour glorifier celuy qui nous aura relevés du tombeau & qui est vivant au siecle des siecles. Gloire soit à Dieu au
lieux tres hauts où repose cette ame fidele, en terre paix & envers les
hommes bonne volonté. Amen.

Esaïe 26.
v. 20. 21.